"I have not done everything,

but its on my bucket list"

This Book Belongs To -

____

____

MASTER BUCKET LIST

1. ☐
2. ☐
3. ☐
4. ☐
5. ☐
6. ☐
7. ☐
8. ☐
9. ☐
10. ☐
11. ☐
12. ☐
13. ☐
14. ☐
15. ☐
16. ☐
17. ☐
18. ☐
19. ☐
20. ☐
21. ☐
22. ☐
23. ☐
24. ☐
25. ☐
26. ☐
27. ☐
28. ☐
29. ☐
30. ☐
31. ☐
32. ☐
33. ☐

MASTER BUCKET LIST

34 ☐ ____
35 ☐ ____
36 ☐ ____
37 ☐ ____
38 ☐ ____
39 ☐ ____
40 ☐ ____
41 ☐ ____
42 ☐ ____
43 ☐ ____
44 ☐ ____
45 ☐ ____
46 ☐ ____
47 ☐ ____
48 ☐ ____
49 ☐ ____
50 ☐ ____
51 ☐ ____
52 ☐ ____
53 ☐ ____
54 ☐ ____
55 ☐ ____
56 ☐ ____
57 ☐ ____
58 ☐ ____
59 ☐ ____
60 ☐ ____
61 ☐ ____
62 ☐ ____
63 ☐ ____
64 ☐ ____
65 ☐ ____
66 ☐ ____

MASTER BUCKET LIST

67 ☐
68 ☐
69 ☐
70 ☐
71 ☐
72 ☐
73 ☐
74 ☐
75 ☐
76 ☐
77 ☐
78 ☐
79 ☐
80 ☐
81 ☐
82 ☐
83 ☐
84 ☐
85 ☐
86 ☐
87 ☐
88 ☐
89 ☐
90 ☐
91 ☐
92 ☐
93 ☐
94 ☐
95 ☐
96 ☐
97 ☐
98 ☐
99 ☐

BUCKET LIST IDEAS

- Go Skydiving
- Ride Horses on the Beach
- Visit an Elephant Sanctuary
- Ride a Mechanical Bull
- Swim with Dolphins
- Visit Every Continent
- Go Scuba Diving
- Take a Road Trip
- Go to a Drive-in Movie
- Go to Disneyland
- See a Live Event in a Stadium
- Float in the Dead Sea
- See a Broadway Play
- New Years in Times Square
- Go Sailing
- Visit Machu Picchu
- Hike the Grand Canyon
- Visit the Ice Hotel in Quebec
- Have Sex Somewhere New
- Go Camping Together
- Run a 5k together
- Go on a Safari in Africa
- Ride Camels across a Desert
- Visit a Famous Museum
- Go Skiing
- Go Rock Climbing Together
- Visit Vegas
- Ride in a Hot Air Balloon
- Visit the Pyramids in Cairo
- Go Fishing
- Spend Christmas in Aspen
- Climb a Glacier
- Charter a Yacht
- Go Snorkeling
- Visit a Waterfall
- Ride on a Ferris Wheel
- Go Whale Watching
- See a Ballet
- Take Pictures in a Photo Booth
- Tour a Vineyard
- Go on a Cruise
- Sing a Karaoke Duet
- Ride a Zipline
- See the Northern Lights
- Take a Mud Bath
- Go Canoeing
- Host a Cookie Exchange
- Learn to Use Chopsticks
- Make a Gingerbread House
- Build a Sandcastle
- Go for a Fish Pedicure
- Ride on a Train
- Play a Game of Paintball
- Sail a Boat
- Walk a Suspension Bridge
- Go Whitewater Rafting
- Climb to the Top of a Tree
- Make a Snowman
- Relax in a Natural Hot Spring
- Drive a Snowmobile
- Fly a Kite
- Drive an ATV
- Take a Biking Trip
- Go to an Aquarium
- Go to a Yoga Retreat
- Race a Go-Kart

01

EXPERIENCE : ____________________

____

LOCATION : ____________________

WE WANT TO DO THIS BECAUSE : ____________________

____

TO MAKE THIS HAPPEN WE NEED TO : ____________________

____

We Did It!

DATE : __/__/__ RATING : __ /10 DO THIS AGAIN? YES NO

COMPANIONS : ____________________

HIGHLIGHTS : ____________________

THE BEST PART : ____________________

SOUVENIRS

EXPERIENCE : ________________

____

02

LOCATION : ________________

WE WANT TO DO THIS BECAUSE : ________________

____

TO MAKE THIS HAPPEN WE NEED TO : ________________

____

We Did It!

DATE : __/__/__ RATING : __ **/10** DO THIS AGAIN? YES NO

COMPANIONS : ________________

HIGHLIGHTS : ________________

____

____

____

____

____

____

____

____

____

THE BEST PART : ________________

____

____

SOUVENIRS

03

EXPERIENCE : ____________________

____

LOCATION : ____________________

WE WANT TO DO THIS BECAUSE : ____________________

____

TO MAKE THIS HAPPEN WE NEED TO : ____________________

____

We Did It!

DATE : __/__/__ RATING : __ **/10** DO THIS AGAIN? YES NO

COMPANIONS : ____________________

HIGHLIGHTS : ____________________

THE BEST PART : ____________________

SOUVENIRS

EXPERIENCE : ____________________

____

04

LOCATION : ____________________

WE WANT TO DO THIS BECAUSE : ____________________

____

TO MAKE THIS HAPPEN WE NEED TO : ____________________

____

We Did It!

DATE : __/__/__ RATING : __ /10 DO THIS AGAIN? YES NO

COMPANIONS : ____________________

HIGHLIGHTS : ____________________

____

____

____

____

____

____

____

____

____

THE BEST PART : ____________________

____

____

SOUVENIRS

05

EXPERIENCE : ______________________

____

LOCATION : ______________________

WE WANT TO DO THIS BECAUSE : ______________________

____

TO MAKE THIS HAPPEN WE NEED TO : ______________________

____

We Did It!

DATE : __/__/__ RATING : __ /10 DO THIS AGAIN? YES NO

COMPANIONS : ______________________

HIGHLIGHTS : ______________________

THE BEST PART : ______________________

SOUVENIRS

EXPERIENCE : ____________________

____

LOCATION : ____________________

06

WE WANT TO DO THIS BECAUSE : ____________________

____

TO MAKE THIS HAPPEN WE NEED TO : ____________________

____

We Did It!

DATE : __/__/__ RATING : __ **/10** DO THIS AGAIN? YES NO

COMPANIONS : ____________________

HIGHLIGHTS : ____________________

____

____

____

____

____

____

____

____

____

THE BEST PART : ____________________

____

____

SOUVENIRS

07

EXPERIENCE : ______________________

____

LOCATION : ______________________

WE WANT TO DO THIS BECAUSE : ______________________

____

TO MAKE THIS HAPPEN WE NEED TO : ______________________

____

We Did It!

DATE : __/__/__ RATING : __ /10 DO THIS AGAIN? YES NO

COMPANIONS : ______________________

HIGHLIGHTS : ______________________

____

____

____

____

____

____

____

____

____

THE BEST PART : ______________________

____

____

SOUVENIRS

08

EXPERIENCE : ______________________

____

LOCATION : ______________________

WE WANT TO DO THIS BECAUSE : ______________________

____

TO MAKE THIS HAPPEN WE NEED TO : ______________________

____

We Did It!

DATE : __/__/__ RATING : __ **/10** DO THIS AGAIN? YES NO

COMPANIONS : ______________________

HIGHLIGHTS : ______________________

____

THE BEST PART : ______________________

____

SOUVENIRS

09

EXPERIENCE : ______________________

LOCATION : ______________________

WE WANT TO DO THIS BECAUSE : ______________________

TO MAKE THIS HAPPEN WE NEED TO : ______________________

We Did It!

DATE : __/__/__ RATING : __ **/10** DO THIS AGAIN? YES NO

COMPANIONS : ______________________

HIGHLIGHTS : ______________________

THE BEST PART : ______________________

SOUVENIRS

10

EXPERIENCE : ______________________

____

LOCATION : ______________________

WE WANT TO DO THIS BECAUSE : ______________________

____

TO MAKE THIS HAPPEN WE NEED TO : ______________________

____

We Did It!

DATE : __/__/__ RATING : __ /10 DO THIS AGAIN? YES NO

COMPANIONS : ______________________

HIGHLIGHTS : ______________________

THE BEST PART : ______________________

SOUVENIRS

11

EXPERIENCE : ______________________

____

LOCATION : ______________________

WE WANT TO DO THIS BECAUSE : ______________________

____

TO MAKE THIS HAPPEN WE NEED TO : ______________________

____

We Did It!

DATE : __/__/__ RATING : __ /10 DO THIS AGAIN? YES NO

COMPANIONS : ______________________

HIGHLIGHTS : ______________________

THE BEST PART : ______________________

SOUVENIRS

EXPERIENCE : ______________

____

12

LOCATION : ______________

WE WANT TO DO THIS BECAUSE : ______________

____

TO MAKE THIS HAPPEN WE NEED TO : ______________

____

We Did It!

DATE : __/__/__ RATING : __ /10 DO THIS AGAIN? YES NO

COMPANIONS : ______________

HIGHLIGHTS : ______________

THE BEST PART : ______________

SOUVENIRS

13

EXPERIENCE : ______________________

____

LOCATION : ______________________

WE WANT TO DO THIS BECAUSE : ______________________

____

TO MAKE THIS HAPPEN WE NEED TO : ______________________

____

We Did It!

DATE : __/__/__ RATING : __ **/10** DO THIS AGAIN? YES NO

COMPANIONS : ______________________

HIGHLIGHTS : ______________________

____

____

____

____

____

____

____

____

____

THE BEST PART : ______________________

____

____

SOUVENIRS

EXPERIENCE : ______________

____

14

LOCATION : ______________

WE WANT TO DO THIS BECAUSE : ______________

____

TO MAKE THIS HAPPEN WE NEED TO : ______________

____

We Did It!

DATE : __/__/__ RATING : __ /10 DO THIS AGAIN? YES NO

COMPANIONS : ______________

HIGHLIGHTS : ______________

THE BEST PART : ______________

SOUVENIRS

15

EXPERIENCE : ______________________

____

LOCATION : ______________________

WE WANT TO DO THIS BECAUSE : ______________________

____

TO MAKE THIS HAPPEN WE NEED TO : ______________________

____

We Did It!

DATE : __/__/__ RATING : __ /10 DO THIS AGAIN? YES NO

COMPANIONS : ______________________

HIGHLIGHTS : ______________________

THE BEST PART : ______________________

SOUVENIRS

EXPERIENCE : ____________________

____

16

LOCATION : ____________________

WE WANT TO DO THIS BECAUSE : ____________________

____

TO MAKE THIS HAPPEN WE NEED TO : ____________________

____

We Did It!

DATE : __/__/__ RATING : __ /10 DO THIS AGAIN? YES NO

COMPANIONS : ____________________

HIGHLIGHTS : ____________________

____

____

____

____

____

____

____

____

____

THE BEST PART : ____________________

____

____

SOUVENIRS

17

EXPERIENCE : ______________________

____

LOCATION : ______________________

WE WANT TO DO THIS BECAUSE : ______________________

____

TO MAKE THIS HAPPEN WE NEED TO : ______________________

____

We Did It!

DATE : __/__/__ RATING : __ **/10** DO THIS AGAIN? YES NO

COMPANIONS : ______________________

HIGHLIGHTS : ______________________

____

____

____

____

____

____

____

____

____

THE BEST PART : ______________________

____

____

SOUVENIRS

EXPERIENCE : ____________________

____

18

LOCATION : ____________________

WE WANT TO DO THIS BECAUSE : ____________________

____

TO MAKE THIS HAPPEN WE NEED TO : ____________________

____

We Did It!

DATE : __/__/__ RATING : __ /10 DO THIS AGAIN? YES NO

COMPANIONS : ____________________

HIGHLIGHTS : ____________________

THE BEST PART : ____________________

SOUVENIRS

19

EXPERIENCE : ____________________

____

LOCATION : ____________________

WE WANT TO DO THIS BECAUSE : ____________________

____

TO MAKE THIS HAPPEN WE NEED TO : ____________________

____

We Did It!

DATE : __/__/__ RATING : __ **/10** DO THIS AGAIN? YES NO

COMPANIONS : ____________________

HIGHLIGHTS : ____________________

____

____

____

____

____

____

____

____

____

THE BEST PART : ____________________

____

____

SOUVENIRS

EXPERIENCE : ________________

____

20

LOCATION : ________________

WE WANT TO DO THIS BECAUSE : ________________

____

TO MAKE THIS HAPPEN WE NEED TO : ________________

____

We Did It!

DATE : __/__/__ RATING : __ /10 DO THIS AGAIN? YES NO

COMPANIONS : ________________

HIGHLIGHTS : ________________

____

____

____

____

____

____

____

____

____

THE BEST PART : ________________

____

____

SOUVENIRS

21

EXPERIENCE : ______________________

LOCATION : ______________________

WE WANT TO DO THIS BECAUSE : ______________________

TO MAKE THIS HAPPEN WE NEED TO : ______________________

We Did It!

DATE : __/__/__ RATING : __ /10 DO THIS AGAIN? YES NO

COMPANIONS : ______________________

HIGHLIGHTS : ______________________

THE BEST PART : ______________________

SOUVENIRS

EXPERIENCE : ____________________

____

22

LOCATION : ____________________

WE WANT TO DO THIS BECAUSE : ____________________

____

TO MAKE THIS HAPPEN WE NEED TO : ____________________

____

We Did It!

DATE : __/__/__ RATING : __ /10 DO THIS AGAIN? YES NO

COMPANIONS : ____________________

HIGHLIGHTS : ____________________

____

____

____

____

____

____

____

____

____

THE BEST PART : ____________________

____

____

SOUVENIRS

23

EXPERIENCE : ______________

LOCATION : ______________

WE WANT TO DO THIS BECAUSE : ______________

TO MAKE THIS HAPPEN WE NEED TO : ______________

We Did It!

DATE : __/__/__ RATING : __ /10 DO THIS AGAIN? YES NO

COMPANIONS : ______________

HIGHLIGHTS : ______________

THE BEST PART : ______________

SOUVENIRS

EXPERIENCE : ______________

____

24

LOCATION : ______________

WE WANT TO DO THIS BECAUSE : ______________

____

TO MAKE THIS HAPPEN WE NEED TO : ______________

____

We Did It!

DATE : __/__/__ RATING : __ **/10** DO THIS AGAIN? YES NO

COMPANIONS : ______________

HIGHLIGHTS : ______________

THE BEST PART : ______________

SOUVENIRS

25

EXPERIENCE : ______________________

____

LOCATION : ______________________

WE WANT TO DO THIS BECAUSE : ______________________

____

TO MAKE THIS HAPPEN WE NEED TO : ______________________

____

We Did It!

DATE : __/__/__ RATING : __ **/10** DO THIS AGAIN? YES NO

COMPANIONS : ______________________

HIGHLIGHTS : ______________________

____

____

____

____

____

____

____

____

____

THE BEST PART : ______________________

____

____

SOUVENIRS

EXPERIENCE : ______________

LOCATION : ______________ 26

WE WANT TO DO THIS BECAUSE : ______________

TO MAKE THIS HAPPEN WE NEED TO : ______________

We Did It!

DATE : __/__/__ RATING : __ **/10** DO THIS AGAIN? YES NO

COMPANIONS : ______________

HIGHLIGHTS : ______________

THE BEST PART : ______________

SOUVENIRS

27

EXPERIENCE : ______________

LOCATION : ______________

WE WANT TO DO THIS BECAUSE : ______________

TO MAKE THIS HAPPEN WE NEED TO : ______________

We Did It!

DATE : __/__/__ RATING : __ **/10** DO THIS AGAIN? YES NO

COMPANIONS : ______________

HIGHLIGHTS : ______________

THE BEST PART : ______________

SOUVENIRS

EXPERIENCE : ______________________

____

28

LOCATION : ______________________

WE WANT TO DO THIS BECAUSE : ______________________

____

TO MAKE THIS HAPPEN WE NEED TO : ______________________

____

We Did It!

DATE : __/__/__ RATING : __ /10 DO THIS AGAIN? YES NO

COMPANIONS : ______________________

HIGHLIGHTS : ______________________

____

____

____

____

____

____

____

____

____

THE BEST PART : ______________________

____

____

SOUVENIRS

29

EXPERIENCE : ____________________

____

LOCATION : ____________________

WE WANT TO DO THIS BECAUSE : ____________________

____

TO MAKE THIS HAPPEN WE NEED TO : ____________________

____

We Did It!

DATE : __/__/__ RATING : __ /10 DO THIS AGAIN? YES NO

COMPANIONS : ____________________

HIGHLIGHTS : ____________________

THE BEST PART : ____________________

SOUVENIRS

EXPERIENCE : ______________

____

30

LOCATION : ______________

WE WANT TO DO THIS BECAUSE : ______________

____

TO MAKE THIS HAPPEN WE NEED TO : ______________

____

We Did It!

DATE : __/__/__ RATING : __ /10 DO THIS AGAIN? YES NO

COMPANIONS : ______________

HIGHLIGHTS : ______________

THE BEST PART : ______________

SOUVENIRS

31

EXPERIENCE : ____________________

____

LOCATION : ____________________

WE WANT TO DO THIS BECAUSE : ____________________

____

TO MAKE THIS HAPPEN WE NEED TO : ____________________

____

We Did It!

DATE : __/__/__   RATING : __ **/10**   DO THIS AGAIN? YES NO

COMPANIONS : ____________________

HIGHLIGHTS : ____________________

____

____

____

____

____

____

____

____

____

THE BEST PART : ____________________

____

____

SOUVENIRS

EXPERIENCE : ______________

32

LOCATION : ______________

WE WANT TO DO THIS BECAUSE : ______________

TO MAKE THIS HAPPEN WE NEED TO : ______________

We Did It!

DATE : __/__/__ RATING : __ /10 DO THIS AGAIN? YES NO

COMPANIONS : ______________

HIGHLIGHTS : ______________

THE BEST PART : ______________

SOUVENIRS

33

EXPERIENCE : ______________________

____

LOCATION : ______________________

WE WANT TO DO THIS BECAUSE : ______________________

____

TO MAKE THIS HAPPEN WE NEED TO : ______________________

____

We Did It!

DATE : __/__/__ RATING : __ /10 DO THIS AGAIN? YES NO

COMPANIONS : ______________________

HIGHLIGHTS : ______________________

____

____

____

____

____

____

____

____

____

THE BEST PART : ______________________

____

____

SOUVENIRS

EXPERIENCE : ______________

____

34

LOCATION : ______________

WE WANT TO DO THIS BECAUSE : ______________

____

TO MAKE THIS HAPPEN WE NEED TO : ______________

____

We Did It!

DATE : __/__/__

RATING : __ /10

DO THIS AGAIN? YES NO

COMPANIONS : ______________

HIGHLIGHTS : ______________

____

____

____

____

____

____

____

____

____

THE BEST PART : ______________

____

____

SOUVENIRS

35

EXPERIENCE : ______________

LOCATION : ______________

WE WANT TO DO THIS BECAUSE : ______________

TO MAKE THIS HAPPEN WE NEED TO : ______________

We Did It!

DATE : __/__/__ RATING : __ /10 DO THIS AGAIN? YES NO

COMPANIONS : ______________

HIGHLIGHTS : ______________

THE BEST PART : ______________

SOUVENIRS

EXPERIENCE : ____________________

____

36

LOCATION : ____________________

WE WANT TO DO THIS BECAUSE : ____________________

____

TO MAKE THIS HAPPEN WE NEED TO : ____________________

____

We Did It!

DATE : __/__/__ RATING : __ /10 DO THIS AGAIN? YES NO

COMPANIONS : ____________________

HIGHLIGHTS : ____________________

____

____

____

____

____

____

____

____

____

THE BEST PART : ____________________

____

____

SOUVENIRS

37

EXPERIENCE : ______________________

____

LOCATION : ______________________

WE WANT TO DO THIS BECAUSE : ______________________

____

TO MAKE THIS HAPPEN WE NEED TO : ______________________

____

We Did It!

DATE : __/__/__ RATING : __ /10 DO THIS AGAIN? YES NO

COMPANIONS : ______________________

HIGHLIGHTS : ______________________

____

____

____

____

____

____

____

____

____

THE BEST PART : ______________________

____

____

SOUVENIRS

EXPERIENCE : ____________________

____

38

LOCATION : ____________________

WE WANT TO DO THIS BECAUSE : ____________________

____

TO MAKE THIS HAPPEN WE NEED TO : ____________________

____

We Did It!

DATE : __/__/__ RATING : __ **/10** DO THIS AGAIN? YES NO

COMPANIONS : ____________________

HIGHLIGHTS : ____________________

____

____

____

____

____

____

____

____

____

THE BEST PART : ____________________

____

____

SOUVENIRS

39

EXPERIENCE : ____________________

____

LOCATION : ____________________

WE WANT TO DO THIS BECAUSE : ____________________

____

TO MAKE THIS HAPPEN WE NEED TO : ____________________

____

We Did It!

DATE : __/__/__ RATING : __ /10 DO THIS AGAIN? YES NO

COMPANIONS : ____________________

HIGHLIGHTS : ____________________

THE BEST PART : ____________________

SOUVENIRS

EXPERIENCE : ____________________

____

40

LOCATION : ____________________

WE WANT TO DO THIS BECAUSE : ____________________

____

TO MAKE THIS HAPPEN WE NEED TO : ____________________

____

We Did It!

DATE : __/__/__ RATING : __ /10 DO THIS AGAIN? YES NO

COMPANIONS : ____________________

HIGHLIGHTS : ____________________

____

____

____

____

____

____

____

____

____

THE BEST PART : ____________________

____

____

SOUVENIRS

41

EXPERIENCE : ____________________

____

LOCATION : ____________________

WE WANT TO DO THIS BECAUSE : ____________________

____

TO MAKE THIS HAPPEN WE NEED TO : ____________________

____

We Did It!

DATE : __/__/__ RATING : __ /10 DO THIS AGAIN? YES NO

COMPANIONS : ____________________

HIGHLIGHTS : ____________________

THE BEST PART : ____________________

SOUVENIRS

EXPERIENCE : ______________

____

42

LOCATION : ______________

WE WANT TO DO THIS BECAUSE : ______________

____

TO MAKE THIS HAPPEN WE NEED TO : ______________

____

We Did It!

DATE : __/__/__ RATING : __ **/10** DO THIS AGAIN? YES NO

COMPANIONS : ______________

HIGHLIGHTS : ______________

THE BEST PART : ______________

SOUVENIRS

43

EXPERIENCE : ______________________

____

LOCATION : ______________________

WE WANT TO DO THIS BECAUSE : ______________________

____

TO MAKE THIS HAPPEN WE NEED TO : ______________________

____

We Did It!

DATE : __/__/__ RATING : __ /10 DO THIS AGAIN? YES NO

COMPANIONS : ______________________

HIGHLIGHTS : ______________________

THE BEST PART : ______________________

SOUVENIRS

EXPERIENCE : ____________________

____

44

LOCATION : ____________________

WE WANT TO DO THIS BECAUSE : ____________________

____

TO MAKE THIS HAPPEN WE NEED TO : ____________________

____

We Did It!

DATE : __/__/__ RATING : __ **/10** DO THIS AGAIN? YES NO

COMPANIONS : ____________________

HIGHLIGHTS : ____________________

THE BEST PART : ____________________

SOUVENIRS

45

EXPERIENCE : ____________________

____

LOCATION : ____________________

WE WANT TO DO THIS BECAUSE : ____________________

____

TO MAKE THIS HAPPEN WE NEED TO : ____________________

____

We Did It!

DATE : __/__/__ RATING : __ /10 DO THIS AGAIN? YES NO

COMPANIONS : ____________________

HIGHLIGHTS : ____________________

____

____

____

____

____

____

____

____

____

THE BEST PART : ____________________

____

____

SOUVENIRS

EXPERIENCE : ____________

____

46

LOCATION : ____________

WE WANT TO DO THIS BECAUSE : ____________

____

TO MAKE THIS HAPPEN WE NEED TO : ____________

____

We Did It!

DATE : __/__/__ RATING : __ /10 DO THIS AGAIN? YES NO

COMPANIONS : ____________

HIGHLIGHTS : ____________

____

____

____

____

____

____

____

____

____

THE BEST PART : ____________

____

____

SOUVENIRS

47

EXPERIENCE : ______________________

LOCATION : ______________________

WE WANT TO DO THIS BECAUSE : ______________________

TO MAKE THIS HAPPEN WE NEED TO : ______________________

We Did It!

DATE : __/__/__ RATING : __ /10 DO THIS AGAIN? YES NO

COMPANIONS : ______________________

HIGHLIGHTS : ______________________

THE BEST PART : ______________________

SOUVENIRS

EXPERIENCE : ____________________

____

48

LOCATION : ____________________

WE WANT TO DO THIS BECAUSE : ____________________

____

TO MAKE THIS HAPPEN WE NEED TO : ____________________

____

We Did It!

DATE : __/__/__ RATING : __ /10 DO THIS AGAIN? YES NO

COMPANIONS : ____________________

HIGHLIGHTS : ____________________

____

____

____

____

____

____

____

____

____

THE BEST PART : ____________________

____

____

SOUVENIRS

49

EXPERIENCE : ____________________

____

LOCATION : ____________________

WE WANT TO DO THIS BECAUSE : ____________________

____

TO MAKE THIS HAPPEN WE NEED TO : ____________________

____

We Did It!

DATE : __/__/__ RATING : __ /10 DO THIS AGAIN? YES NO

COMPANIONS : ____________________

HIGHLIGHTS : ____________________

THE BEST PART : ____________________

SOUVENIRS

EXPERIENCE : ____________________

____

50

LOCATION : ____________________

WE WANT TO DO THIS BECAUSE : ____________________

____

TO MAKE THIS HAPPEN WE NEED TO : ____________________

____

We Did It!

DATE : __/__/__ RATING : __ /10 DO THIS AGAIN? YES NO

COMPANIONS : ____________________

HIGHLIGHTS : ____________________

____

____

____

____

____

____

____

____

____

THE BEST PART : ____________________

____

____

SOUVENIRS

51

EXPERIENCE : ____________________

____

LOCATION : ____________________

WE WANT TO DO THIS BECAUSE : ____________________

____

TO MAKE THIS HAPPEN WE NEED TO : ____________________

____

We Did It!

DATE : __/__/__ RATING : __ **/10** DO THIS AGAIN? YES NO

COMPANIONS : ____________________

HIGHLIGHTS : ____________________

THE BEST PART : ____________________

SOUVENIRS

EXPERIENCE : ______________________

____

52

LOCATION : ______________________

WE WANT TO DO THIS BECAUSE : ______________________

____

TO MAKE THIS HAPPEN WE NEED TO : ______________________

____

We Did It!

DATE : __/__/__ RATING : __ /10 DO THIS AGAIN? YES NO

COMPANIONS : ______________________

HIGHLIGHTS : ______________________

THE BEST PART : ______________________

SOUVENIRS

53

EXPERIENCE : ______________________

____

LOCATION : ______________________________

WE WANT TO DO THIS BECAUSE : ______________________

____

TO MAKE THIS HAPPEN WE NEED TO : ____________________

____

We Did It!

DATE : __/__/__ RATING : __ /10 DO THIS AGAIN? YES NO

COMPANIONS : ____________________________________

HIGHLIGHTS : ____________________________________

____

____

____

____

____

____

____

____

____

THE BEST PART : ______________________ SOUVENIRS

____

____

EXPERIENCE : ____________

54

LOCATION : ____________

WE WANT TO DO THIS BECAUSE : ____________

TO MAKE THIS HAPPEN WE NEED TO : ____________

We Did It!

DATE : __/__/__ RATING : __ **/10** DO THIS AGAIN? YES NO

COMPANIONS : ____________

HIGHLIGHTS : ____________

THE BEST PART : ____________

SOUVENIRS

55

EXPERIENCE : ______________________

____

LOCATION : ______________________

WE WANT TO DO THIS BECAUSE : ______________________

____

TO MAKE THIS HAPPEN WE NEED TO : ______________________

____

We Did It!

DATE : __/__/__ RATING : __ **/10** DO THIS AGAIN? YES NO

COMPANIONS : ______________________

HIGHLIGHTS : ______________________

THE BEST PART : ______________________

SOUVENIRS

EXPERIENCE : ____________________

____

56

LOCATION : ____________________

WE WANT TO DO THIS BECAUSE : ____________________

____

TO MAKE THIS HAPPEN WE NEED TO : ____________________

____

We Did It!

DATE : __/__/__ RATING : __ /10 DO THIS AGAIN? YES NO

COMPANIONS : ____________________

HIGHLIGHTS : ____________________

THE BEST PART : ____________________

SOUVENIRS

57

EXPERIENCE : ______________

____

LOCATION : ______________

WE WANT TO DO THIS BECAUSE : ______________

____

TO MAKE THIS HAPPEN WE NEED TO : ______________

____

We Did It!

DATE : __/__/__ RATING : __ /10 DO THIS AGAIN? YES NO

COMPANIONS : ______________

HIGHLIGHTS : ______________

____

THE BEST PART : ______________

SOUVENIRS

EXPERIENCE : ______________

____

58

LOCATION : ______________

WE WANT TO DO THIS BECAUSE : ______________

____

TO MAKE THIS HAPPEN WE NEED TO : ______________

____

We Did It!

DATE : __/__/__ RATING : __ /10 DO THIS AGAIN? YES NO

COMPANIONS : ______________

HIGHLIGHTS : ______________

____

____

____

____

____

____

____

____

____

THE BEST PART : ______________

____

____

SOUVENIRS

59

EXPERIENCE : ______________________

____

LOCATION : ______________________

WE WANT TO DO THIS BECAUSE : ______________________

____

TO MAKE THIS HAPPEN WE NEED TO : ______________________

____

We Did It!

DATE : __/__/__ RATING : __ **/10** DO THIS AGAIN? YES NO

COMPANIONS : ______________________

HIGHLIGHTS : ______________________

THE BEST PART : ______________________

SOUVENIRS

EXPERIENCE : ______________

____

60

LOCATION : ______________

WE WANT TO DO THIS BECAUSE : ______________

____

TO MAKE THIS HAPPEN WE NEED TO : ______________

____

We Did It!

DATE : __/__/__ RATING : __ /10 DO THIS AGAIN? YES NO

COMPANIONS : ______________

HIGHLIGHTS : ______________

THE BEST PART : ______________

SOUVENIRS

61

EXPERIENCE : ______________________

____

LOCATION : ______________________

WE WANT TO DO THIS BECAUSE : ______________________

____

TO MAKE THIS HAPPEN WE NEED TO : ______________________

____

We Did It!

DATE : __/__/__ RATING : __ /10 DO THIS AGAIN? YES NO

COMPANIONS : ______________________

HIGHLIGHTS : ______________________

____

THE BEST PART : ______________________

SOUVENIRS

EXPERIENCE : ____________________

____

62

LOCATION : ____________________

WE WANT TO DO THIS BECAUSE : ____________________

____

TO MAKE THIS HAPPEN WE NEED TO : ____________________

____

We Did It!

DATE : __/__/__ RATING : __ **/10** DO THIS AGAIN? YES NO

COMPANIONS : ____________________

HIGHLIGHTS : ____________________

____

____

____

____

____

____

____

____

____

THE BEST PART : ____________________

____

____

SOUVENIRS

63

EXPERIENCE : ____________________

____

LOCATION : ____________________

WE WANT TO DO THIS BECAUSE : ____________________

____

TO MAKE THIS HAPPEN WE NEED TO : ____________________

____

We Did It!

DATE : __/__/__ RATING : __ **/10** DO THIS AGAIN? YES NO

COMPANIONS : ____________________

HIGHLIGHTS : ____________________

____

____

____

____

____

____

____

____

____

THE BEST PART : ____________________

____

____

SOUVENIRS

EXPERIENCE : ______________________

____

64

LOCATION : ______________________

WE WANT TO DO THIS BECAUSE : ______________________

____

TO MAKE THIS HAPPEN WE NEED TO : ______________________

____

We Did It!

DATE : __/__/__ RATING : __ /10 DO THIS AGAIN? YES NO

COMPANIONS : ______________________

HIGHLIGHTS : ______________________

____

____

____

____

____

____

____

____

____

THE BEST PART : ______________________

____

____

SOUVENIRS

65

EXPERIENCE : ____________________

____

LOCATION : ____________________

WE WANT TO DO THIS BECAUSE : ____________________

____

TO MAKE THIS HAPPEN WE NEED TO : ____________________

____

We Did It!

DATE : __/__/__ RATING : __ **/10** DO THIS AGAIN? YES NO

COMPANIONS : ____________________

HIGHLIGHTS : ____________________

THE BEST PART : ____________________

SOUVENIRS

EXPERIENCE : ____________________

____

66

LOCATION : ____________________

WE WANT TO DO THIS BECAUSE : ____________________

____

TO MAKE THIS HAPPEN WE NEED TO : ____________________

____

We Did It!

DATE : __/__/__ RATING : __ /10 DO THIS AGAIN? YES NO

COMPANIONS : ____________________

HIGHLIGHTS : ____________________

THE BEST PART : ____________________

SOUVENIRS

67

EXPERIENCE : ____________________

____

LOCATION : ____________________

WE WANT TO DO THIS BECAUSE : ____________________

____

TO MAKE THIS HAPPEN WE NEED TO : ____________________

____

We Did It!

DATE : __/__/__ RATING : __ /10 DO THIS AGAIN? YES NO

COMPANIONS : ____________________

HIGHLIGHTS : ____________________

____

____

____

____

____

____

____

____

____

THE BEST PART : ____________________

____

____

SOUVENIRS

EXPERIENCE : ______________

____

68

LOCATION : ______________

WE WANT TO DO THIS BECAUSE : ______________

____

TO MAKE THIS HAPPEN WE NEED TO : ______________

____

We Did It!

DATE : __/__/__ RATING : __ **/10** DO THIS AGAIN? YES NO

COMPANIONS : ______________

HIGHLIGHTS : ______________

____

____

____

____

____

____

____

____

____

THE BEST PART : ______________

____

____

SOUVENIRS

69

EXPERIENCE : ____________________

____

LOCATION : ____________________

WE WANT TO DO THIS BECAUSE : ____________________

____

TO MAKE THIS HAPPEN WE NEED TO : ____________________

____

We Did It!

DATE : __/__/__ RATING : __ /10 DO THIS AGAIN? YES NO

COMPANIONS : ____________________

HIGHLIGHTS : ____________________

____

____

____

____

____

____

____

____

____

THE BEST PART : ____________________

____

____

SOUVENIRS

EXPERIENCE : ____________________

____

70

LOCATION : ____________________

WE WANT TO DO THIS BECAUSE : ____________________

____

TO MAKE THIS HAPPEN WE NEED TO : ____________________

____

We Did It!

DATE : __/__/__ RATING : __ /10 DO THIS AGAIN? YES NO

COMPANIONS : ____________________

HIGHLIGHTS : ____________________

____

____

____

____

____

____

____

____

____

THE BEST PART : ____________________

____

____

SOUVENIRS

71

EXPERIENCE : ____________________

____

LOCATION : ____________________

WE WANT TO DO THIS BECAUSE : ____________________

____

TO MAKE THIS HAPPEN WE NEED TO : ____________________

____

We Did It!

DATE : __/__/__

RATING : __ /10

DO THIS AGAIN? YES NO

COMPANIONS : ____________________

HIGHLIGHTS : ____________________

THE BEST PART : ____________________

SOUVENIRS

EXPERIENCE : ______________

____

72

LOCATION : ______________

WE WANT TO DO THIS BECAUSE : ______________

____

TO MAKE THIS HAPPEN WE NEED TO : ______________

____

We Did It!

DATE : __/__/__   RATING : __ **/10**   DO THIS AGAIN? YES NO

COMPANIONS : ______________

HIGHLIGHTS : ______________

____

____

____

____

____

____

____

____

____

THE BEST PART : ______________

____

____

SOUVENIRS

73

EXPERIENCE : ____________________

____

LOCATION : ____________________

WE WANT TO DO THIS BECAUSE : ____________________

____

TO MAKE THIS HAPPEN WE NEED TO : ____________________

____

We Did It!

DATE : __/__/__ RATING : __ /10 DO THIS AGAIN? YES NO

COMPANIONS : ____________________

HIGHLIGHTS : ____________________

____

THE BEST PART : ____________________

____

SOUVENIRS

EXPERIENCE : ______________

____

74

LOCATION : ______________

WE WANT TO DO THIS BECAUSE : ______________

____

TO MAKE THIS HAPPEN WE NEED TO : ______________

____

We Did It!

DATE : __/__/__ RATING : __ /10 DO THIS AGAIN? YES NO

COMPANIONS : ______________

HIGHLIGHTS : ______________

THE BEST PART : ______________

SOUVENIRS

75

EXPERIENCE : ____________________

____

LOCATION : ____________________

WE WANT TO DO THIS BECAUSE : ____________________

____

TO MAKE THIS HAPPEN WE NEED TO : ____________________

____

We Did It!

DATE : __/__/__ RATING : __ **/10** DO THIS AGAIN? YES NO

COMPANIONS : ____________________

HIGHLIGHTS : ____________________

____

____

____

____

____

____

____

____

____

THE BEST PART : ____________________

____

____

SOUVENIRS

EXPERIENCE : ______________________

____

LOCATION : ______________________

76

WE WANT TO DO THIS BECAUSE : ______________________

____

TO MAKE THIS HAPPEN WE NEED TO : ______________________

____

We Did It!

DATE : __/__/__ RATING : __ /10 DO THIS AGAIN? YES NO

COMPANIONS : ______________________

HIGHLIGHTS : ______________________

____

____

____

____

____

____

____

____

____

THE BEST PART : ______________________

____

____

SOUVENIRS

77

EXPERIENCE : ____________________

LOCATION : ____________________

WE WANT TO DO THIS BECAUSE : ____________________

TO MAKE THIS HAPPEN WE NEED TO : ____________________

We Did It!

DATE : __/__/__ RATING : __ **/10** DO THIS AGAIN? YES NO

COMPANIONS : ____________________

HIGHLIGHTS : ____________________

THE BEST PART : ____________________

SOUVENIRS

EXPERIENCE : ______________

____

78

LOCATION : ______________

WE WANT TO DO THIS BECAUSE : ______________

____

TO MAKE THIS HAPPEN WE NEED TO : ______________

____

We Did It!

DATE : __/__/__ RATING : __ /10 DO THIS AGAIN? YES NO

COMPANIONS : ______________

HIGHLIGHTS : ______________

____

____

____

____

____

____

____

____

____

THE BEST PART : ______________

____

____

SOUVENIRS

79

EXPERIENCE : ____________________

____

LOCATION : ______________________

WE WANT TO DO THIS BECAUSE : ______________________

____

TO MAKE THIS HAPPEN WE NEED TO : ____________________

____

We Did It!

DATE : __/__/__ RATING : __ /10 DO THIS AGAIN? YES NO

COMPANIONS : ________________________________

HIGHLIGHTS : ________________________________

THE BEST PART : ______________________

SOUVENIRS

EXPERIENCE : ____________________

____

80

LOCATION : ____________________

WE WANT TO DO THIS BECAUSE : ____________________

____

TO MAKE THIS HAPPEN WE NEED TO : ____________________

____

We Did It!

DATE : __/__/__ RATING : __ **/10** DO THIS AGAIN? YES NO

COMPANIONS : ____________________

HIGHLIGHTS : ____________________

THE BEST PART : ____________________

SOUVENIRS

81

EXPERIENCE : ____________________

LOCATION : ____________________

WE WANT TO DO THIS BECAUSE : ____________________

TO MAKE THIS HAPPEN WE NEED TO : ____________________

We Did It!

DATE : __/__/__ RATING : __ /10 DO THIS AGAIN? YES NO

COMPANIONS : ____________________

HIGHLIGHTS : ____________________

THE BEST PART : ____________________

SOUVENIRS

EXPERIENCE : ____________

____

82

LOCATION : ____________

WE WANT TO DO THIS BECAUSE : ____________

____

TO MAKE THIS HAPPEN WE NEED TO : ____________

____

We Did It!

DATE : __/__/__ RATING : __ /10 DO THIS AGAIN? YES NO

COMPANIONS : ____________

HIGHLIGHTS : ____________

THE BEST PART : ____________

SOUVENIRS

83

EXPERIENCE : ______________________

____

LOCATION : ______________________

WE WANT TO DO THIS BECAUSE : ______________________

____

TO MAKE THIS HAPPEN WE NEED TO : ______________________

____

We Did It!

DATE : __/__/__ RATING : __ /10 DO THIS AGAIN? YES NO

COMPANIONS : ______________________

HIGHLIGHTS : ______________________

____

____

____

____

____

____

____

____

____

THE BEST PART : ______________________

____

____

SOUVENIRS

84

EXPERIENCE : ____________________

LOCATION : ____________________

WE WANT TO DO THIS BECAUSE : ____________________

TO MAKE THIS HAPPEN WE NEED TO : ____________________

We Did It!

DATE : __/__/__ RATING : __ **/10** DO THIS AGAIN? YES NO

COMPANIONS : ____________________

HIGHLIGHTS : ____________________

THE BEST PART : ____________________

SOUVENIRS

85

EXPERIENCE : ____________________

____

LOCATION : ____________________

WE WANT TO DO THIS BECAUSE : ____________________

____

TO MAKE THIS HAPPEN WE NEED TO : ____________________

____

We Did It!

DATE : __/__/__ RATING : __ /10 DO THIS AGAIN? YES NO

COMPANIONS : ____________________

HIGHLIGHTS : ____________________

THE BEST PART : ____________________

SOUVENIRS

EXPERIENCE : ____________________

____

86

LOCATION : ____________________

WE WANT TO DO THIS BECAUSE : ____________________

____

TO MAKE THIS HAPPEN WE NEED TO : ____________________

____

We Did It!

DATE : __/__/__ RATING : __ **/10** DO THIS AGAIN? YES NO

COMPANIONS : ____________________

HIGHLIGHTS : ____________________

____

____

____

____

____

____

____

____

____

THE BEST PART : ____________________

____

____

SOUVENIRS

87

EXPERIENCE : ______________________

____

LOCATION : ______________________

WE WANT TO DO THIS BECAUSE : ______________________

____

TO MAKE THIS HAPPEN WE NEED TO : ______________________

____

We Did It!

DATE : __/__/__ RATING : __ **/10** DO THIS AGAIN? YES NO

COMPANIONS : ______________________

HIGHLIGHTS : ______________________

THE BEST PART : ______________________

SOUVENIRS

EXPERIENCE : ____________________

____

88

LOCATION : ____________________

WE WANT TO DO THIS BECAUSE : ____________________

____

TO MAKE THIS HAPPEN WE NEED TO : ____________________

____

We Did It!

DATE : __/__/__ RATING : __ /10 DO THIS AGAIN? YES NO

COMPANIONS : ____________________

HIGHLIGHTS : ____________________

____

____

____

____

____

____

____

____

____

THE BEST PART : ____________________

____

____

SOUVENIRS

89

EXPERIENCE : ____________________

____

LOCATION : ____________________

WE WANT TO DO THIS BECAUSE : ____________________

____

TO MAKE THIS HAPPEN WE NEED TO : ____________________

____

We Did It!

DATE : __/__/__ RATING : __ /10 DO THIS AGAIN? YES NO

COMPANIONS : ____________________

HIGHLIGHTS : ____________________

THE BEST PART : ____________________

SOUVENIRS

EXPERIENCE : ____________________

____

90

LOCATION : ____________________

WE WANT TO DO THIS BECAUSE : ____________________

____

TO MAKE THIS HAPPEN WE NEED TO : ____________________

____

We Did It!

DATE : __/__/__ RATING : __ /10 DO THIS AGAIN? YES NO

COMPANIONS : ____________________

HIGHLIGHTS : ____________________

____

____

____

____

____

____

____

____

THE BEST PART : ____________________

____

____

SOUVENIRS

91

EXPERIENCE : ____________________

____

LOCATION : ____________________

WE WANT TO DO THIS BECAUSE : ____________________

____

TO MAKE THIS HAPPEN WE NEED TO : ____________________

____

We Did It!

DATE : __/__/__ RATING : __ /10 DO THIS AGAIN? YES NO

COMPANIONS : ____________________

HIGHLIGHTS : ____________________

THE BEST PART : ____________________

SOUVENIRS

EXPERIENCE : ____________________

____

92

LOCATION : ____________________

WE WANT TO DO THIS BECAUSE : ____________________

____

TO MAKE THIS HAPPEN WE NEED TO : ____________________

____

We Did It!

DATE : __/__/__ RATING : __ **/10** DO THIS AGAIN? YES NO

COMPANIONS : ____________________

HIGHLIGHTS : ____________________

____

____

____

____

____

____

____

____

____

THE BEST PART : ____________________

____

____

SOUVENIRS

93

EXPERIENCE : ____________________

____

LOCATION : ____________________

WE WANT TO DO THIS BECAUSE : ____________________

____

TO MAKE THIS HAPPEN WE NEED TO : ____________________

____

We Did It!

DATE : __/__/__ RATING : __ **/10** DO THIS AGAIN? YES NO

COMPANIONS : ____________________

HIGHLIGHTS : ____________________

____

____

____

____

____

____

____

____

____

THE BEST PART : ____________________

____

____

SOUVENIRS

94

EXPERIENCE : ______________________

____

LOCATION : ______________________

WE WANT TO DO THIS BECAUSE : ______________________

____

TO MAKE THIS HAPPEN WE NEED TO : ______________________

____

We Did It!

DATE : __/__/__ RATING : __ /10 DO THIS AGAIN? YES NO

COMPANIONS : ______________________

HIGHLIGHTS : ______________________

____

____

____

____

____

____

____

____

____

THE BEST PART : ______________________

____

____

SOUVENIRS

95

EXPERIENCE : ______________________

____

LOCATION : ______________________

WE WANT TO DO THIS BECAUSE : ______________________

____

TO MAKE THIS HAPPEN WE NEED TO : ______________________

____

We Did It!

DATE : __/__/__ RATING : __ **/10** DO THIS AGAIN? YES NO

COMPANIONS : ______________________

HIGHLIGHTS : ______________________

____

____

____

____

____

____

____

____

____

THE BEST PART : ______________________

____

____

SOUVENIRS

EXPERIENCE : ____________________

____

96

LOCATION : ____________________

WE WANT TO DO THIS BECAUSE : ____________________

____

TO MAKE THIS HAPPEN WE NEED TO : ____________________

____

We Did It!

DATE : __/__/__ RATING : __ /10 DO THIS AGAIN? YES NO

COMPANIONS : ____________________

HIGHLIGHTS : ____________________

THE BEST PART : ____________________

SOUVENIRS

97

EXPERIENCE : ______________

____

LOCATION : ______________

WE WANT TO DO THIS BECAUSE : ______________

____

TO MAKE THIS HAPPEN WE NEED TO : ______________

____

We Did It!

DATE : __/__/__ RATING : __ /10 DO THIS AGAIN? YES NO

COMPANIONS : ______________

HIGHLIGHTS : ______________

THE BEST PART : ______________

SOUVENIRS

EXPERIENCE : ____________________

____

98

LOCATION : ____________________

WE WANT TO DO THIS BECAUSE : ____________________

____

TO MAKE THIS HAPPEN WE NEED TO : ____________________

____

We Did It!

DATE : __/__/__ RATING : __ /10 DO THIS AGAIN? YES NO

COMPANIONS : ____________________

HIGHLIGHTS : ____________________

THE BEST PART : ____________________

SOUVENIRS

99

EXPERIENCE : ____________________

____

LOCATION : ____________________

WE WANT TO DO THIS BECAUSE : ____________________

____

TO MAKE THIS HAPPEN WE NEED TO : ____________________

____

We Did It!

DATE : __/__/__ RATING : __ /10 DO THIS AGAIN? YES NO

COMPANIONS : ____________________

HIGHLIGHTS : ____________________

THE BEST PART : ____________________

SOUVENIRS

Thank you

Thank you for purchasing this book. If you enjoyed using this book, then feedback on amazon would be greatly appreciated. It would be really kind of you to take the time to write a review, which would help us immensely.

For any suggestions or questions regarding our book please contact us at the email below.

To join our mailing list for our latest book releases & early bird discounts email us with

Subject- 'Our Bucket List' @

oceanicbookhub@gmail.com

Without your voice we don't exist.

Thank you for your support.